Herstellung und Verlag:
Books on Demand GmbH, Norderstedt
ISBN: 978-3-8391-2917-3

© 2009Literaturgruppe 3Zack
(Gültekin Kaynak, Mario Müller, Frank Zweiling)
http://www.literatur-experiment.de
info@literatur-experiment.de

Fotos Mario Müller
Umschlag Mario Müller
nach einem Entwurf von Dr. Jörg Wurzer

4 x 11 = 44

Ein Literatur - Experiment

Gültekin Kaynak - Mario Müller
Frank Zweiling

Literatur aus Remscheid

Vorwort

Liebe Leserinnen, liebe Leser,

Nachdem wir, im Jahr 2003 unser Buch " Dreisamkeit "
herausgebracht hatten, lage es nahe, ein weiteres
Experiment zu wagen.

Im Buch " Dreisamkeit " wurden Gedichte zu
verschiedenen Themen, die uns auf der Seele lagen,
zu einem " Gedichterfluss " zusammengefügt.
Nachdem dieses Buch von Leserinnen und Lesern
durchweg positiv bewertet wurde, wagten wir uns
an das neue Buch.

Diesmal gingen wir einen Schritt weiter
und schrieben alle Gedichte gemeinsam.
Es war zum Teil ein schwieriger Prozess,
alle Ideen und Meinungen vernünftig zusammen
zu bekommen, aber wir glauben es hat sich gelohnt.
Auslöser dafür war eigentlich ein profaner Grund,
als Erster zog Gültekin Kaynak weg aus Remscheid,
somit waren unsere wöchentlichen Treffen
nicht mehr möglich.
Also fingen wir an die Möglichkeiten über das
Internet auszuprobieren.
Einer schrieb die ersten Zeilen und schickte
das Gedicht weiter an den Anderen,
dieser ergänzte das Gedicht und schickte es
an den Dritten, so ging es reihum,
bis wir der Meinung waren … Das ist es.

Vorwort

Es hat allerdings einige Jahre gedauert, bis wir
die Gelegenheit hatten, dieses Buch
zu veröffentlichen.
Die Gründe waren vielfältig, einmal unsere Faulheit,
immer hatte man andere Gründe, die Arbeit
an diesem Buch zu verschieben,
des weiteren waren und sind wir alle natürlich
in einen Arbeitsalltag eingebunden,
der wenig Zeit lies.

Mario Müller
Dezember 2009

Frühling

Frühling

Der Wind

Leise …
streicht der Wind
durch Bäume
Ich halte inne
und lausche
dem Tau
der
glitzernd tropft

Laut …
seit Anbeginn
der neuen Zeit
höre ich
das Lied
des Windes
das allein und
ungehört
sein Dasein fristet

Kapitel 1

Frühling

Blumen

Die Farben des Regenbogens
spiegeln sich in ihnen
Schattierungen
die durch grüne Gräser scheinen
und den Tag
mit Duft umschmeicheln

Welche Wärme
schleicht da
durch meinen Kopf
am anderen Ende
des Regenbogens
wo Blumen
sich in Herzen weinen

Frühling

Wonne umgibt meinen Kopf
springt im schnellen Takt
Sonnen
umgleissen meine kleine Welt
hier wo
grüne Gräser scheinen

Ich muss
ihnen das Leben nehmen
um sie zu schenken
meiner Liebe
muss meine Gefühle beweisen
bin bereit sie zu opfern
als ein Symbol
diese unendliche Farbenpracht

Kapitel 1

Frühling

Frühlingsgefühl

Es dämmert in mir
ein Verlangen
betörend legt sich
ein Gedanke
in mein Herz
Das Schöne
sucht mein Auge
tastet suchend
um seinen Sinn
In der Dunkelheit
der Gefühlsarmut
spielt der Geiger
sein gelbes Lied
Der blinde Bettler
hält seinen Hut
und wartet
auf eine Gabe
Er wartet
auf Emotionen
die das Nichts
durchbrechen

Kapitel 1

Frühling

Eine schöne Frau
liegt
in meinen Gedanken
Ich aber höre noch
das gelbe Lied
des Geigers
doch der Wunsch
nach dieser Frau wird stärker
Scher dich zum Teufel
Geiger
und nimm den Bettler mit
So kann ich
hinter der schönen Frau
in mir
her laufen
denn ich koch
mit dem Gefühl
des Frühlings
tief in mir

Frühling

Morgentropfen

Sie fallen sanft
auf bunte Blüten
wo sie im Winde
dann tanzen
um zu gleiten
auf den Boden
Zerstäuben sich
in tausend Perlen
die aufwachen
aus tiefem Schlaf
und mit Lächeln
mir berichten
von meiner Liebe
die über
grüne Wiesen weht
die so wertvoll
wie nichts anderes
auf der Welt
in meinem Herzen
schlägt

Kapitel 1

Frühling

Das Lächeln

In ihren Augen spiegelt sich das Schöne
das zur blauen Reinheit wird
Sie zu schauen
bin ich geboren

Ihr Mund formt sich zu einem Lächeln
das zu rotem süssen Weine wird
Ihn zu trinken
bin ich geboren

Ihre schweren Brüste wiegen sich sanft
die wie weiche Watte mir erscheinen
Sie zu berühren
bin ich geboren

Ihr rundes Hinterteil lädt mich sinnlich ein
das wie ein Berg der Wollust mir erscheint
Sie zu kosten
bin ich geboren

Ihre Seele betört die meine
die in Ekstase aufzuschreien begehrt
Sie zu lieben
bin ich geboren

Kapitel 1

Frühling

Der Schrei

Ich schreie es heraus
das ich es vermag
Liebe zu empfinden
auch
um schwarze Nächte
in denen
mein Schrei verhallt

Meine Stimme ist laut
wenn Liebe
mein Herz erfüllt
die aufsteigt
zum Kopf
durch meine Kehle
und meinem Mund
sich sucht den Weg hinaus

Frühling

Meine Stimme ist leise
wenn Gefühle
regieren
meine Seele
sie verschwindet
im blauen Wald
während Tränen
sich einen Weg ebnen

Doch erzittert die Welt
vor meinem Schrei
der kommt
aus dem tiefsten
meiner Seele
Dann
geht auch der Tag

Kapitel 1

Frühling

Blätter

Vom Schatten
umspielt
braun
rot
gelbes Licht
wiegen
Blätter sich
grüssen
den Morgennebel

Sie waren eins
mit dem Baume
doch nun
sind sie allein
fallen
zu Boden

Machen sich bereit
um
zu Verwehen

Frühling

Verlangen

Erquickt mich ein Verlangen
das rein erotischer Natur
mit frivolen Gedanken
ohne jegliche Zensur

Wollen sie die Kontrolle erlangen

Nackte Körper vor Wollust hastend
sich zärtlich streichelnd
fortbewegen
nach der Wonne tastend

Wollen sie die Kontrolle verlieren

Kapitel 1

Frühling

Reichtum

Midas berührte meine Seele
und sie wurde Gold
Am ersten Frühlingstage
betrunken
von des Geldes Farbe
hielt ich es
für einen Segen
das mein Herz
nun war aus Gold
Doch was Menschen
in sich hegen
werde ich wohl niemals
wirklich verstehen

Alle Menschen waren
sich nicht bange
um mich zu jagen
und meine Seele mir zu nehmen
mir den Schlaf zu rauben
in heller Sternennacht
denn Gier
schaute aus ihren Augen
die Gier
nach Midas Gold

Kapitel 1

Frühling

Geburt

Kinder schreien laut und leise
einem neuen Licht entgegen
ohne Wissen um die Welt
Würden sie es wissen
meinst du
sie würden dann noch schreien

Kinder blicken voller Hoffnung
einem neuen Licht entgegen
ohne Wissen um die Güte
Würden sie es vermissen
meinst du
sie würden dann noch hoffen

Kinder lachen laut im Kreise
einem neuen Licht entgegen
ohne Wissen um Berührung
Würden sie berühren
meinst du
sie würden dann noch lachen

Frühling

Das Frühjahr des Lebens

Einst war ein Eremit
im tönendem Frühling
der dunklen Wege ging
nachtumschattete Spuren nach

Einst tanzte ich
unter dem silbernen Mond
der mir zusah wie sich mein Körper
nackt im Rhythmus wiegte

Einst schwamm ich
im See der Erkenntnis
wo ich trank das Wasser des Wissens
und erbrach die Dummheit der Massen
Nun stehe ich hier
als zu Anbeginn im hellen Lichte

Kapitel 1

Frühling

Einst ging ich den Weg der Erkenntnis
ohne Schuhe und Mut
Ich überwand jegliche Hindernisse
Einst stieg ich auf den Berg der Reinheit
mit Behagen und mit Furcht
um zu schauen von der Spitze
auf das Tal der Unvernunft

Einst beharkte ich meinen Garten
mit Ruhe und Gelassenheit
und säte den Samen der Liebe
Einst goss ich die Pflanze der Innigkeit
und schwörte dem Baum der Liebe
mit meinem Leben zu beschützen
Nun warte ich hier und bewache
diesen uralten Traum

Kapitel 1

Sommer

Sommer

Die Sonne

Brutale Wärme
gleissendes Licht
eine Schönheit
die immerzu strahlt
Ausgedörrte Schatten
im Leben
das Elexier der Verödung
eine Schönheit
die immerzu leuchtet
ein Licht

Sommer

Am Strand

Dünen die glänzen
voll Sehnsucht nach dem Leben
Reihe an Reihe
im Sonnenuntergang
Die Sandkörner
sie sind ungezählt in der Nacht
am Tage sind sie
eine verwehte Zahl

Dünen die glänzen
voll Sehnsucht nach dem Tod
Reihe an Reihe
im Sonnenaufgang
Die Sandkörner
sie sind verweht am Tage
in der Nacht sind sie
nur noch Wellental

Kapitel 2

Sommer

Dünen die glänzen
voll Sehnsucht nach der Hoffnung
Reihe an Reihe
im Mondenlicht
Die Sandkörner
sie sind aufgelöst im Leben
in der Unendlichkeit sind sie
des Kain'es Mal

Dünen die glänzen
voll Schmerz nach der Liebe
Reihe an Reihe
in tiefer Melancholie
Die Sandkörner
mischen sich mit Tränen
in der Wüste der Gefühle
werden sie hart

Kapitel 2

Sommer

Bäume

Ich sehe sie
im hellen Lichte
stark und stärker
in den Himmel ragen
Braunes Holz
mit harzigem Gesichte
mit der Macht
die ganze Welt zu tragen
Ihre Ringe
erzählen uns eine Geschichte
voller Symbole
wollen uns nun sagen
Ihr Menschen
seid doch alles Wichte
habt kein Recht
so laut zu klagen
Seht das alles mal
aus meiner Sichte
und hört dann auf
mich ständig neu zu fragen

Sommer

Die ersten Strahlen

Aus dem Nichts
leuchten sie hervor
der Nacht entschlüpft
und wahr geworden
Spielerisch tanzen sie
auf Blättern
die ersten Strahlen
des Lebens
und trotzdem
der Wahrheit entsprungen
bringen sie uns
ihre Seelen dar
flüsternd und leise
durch den Wind
Die Sonne schickte sie
vor 1000 Jahren
nun kündigen sie
vom Neubeginn
zu bunten Zeiten
Die ersten Strahlen
fallen in Kinderaugen
wo sie werden reflektiert
sie werden zu einem Regenbogen
der in unsere Herzen eindringt

Kapitel 2

Sommer

Heller Mond im Sommer

Er steht
und scheint
zu scheinen
Er wacht
und meint
zu meinen
das keiner mehr
im Rufe steht
und ungehört
im Winde
dann verweht

Sommer

Kinderlachen

Glockenklang,
so war es zu vernehmen
wie tausend Violinen süss
wie Orgeln
aus dem Himmel schwebend
Melodien aus dem Paradies
Das oft ungehört im Regen steht
und ungehört im Lichte schreit
Nicht nur ihre Stimme lacht
auch ihre Augen lachen mit
Ihre kleinen Hände strecken sich
nach dem Lichte
doch nicht wie die Motte
im Kerzenschein
werden sie brennen
Sie werden brennend
in der Liebe ihrer Eltern sein

Sommer

Sandburgen

In frühen Kindertagen
habe ich so manche empor gezogen
bin Sand geworden
mit glücklichem Lachen

Ich war der Schlossherr meiner Burg
der Sandherr meines Strandes
Mit meiner Schaufel aus Plastik klein
und blossen Händen
hab ich sie erschaffen

Doch die Wellen des Meeres
nagten an ihr
an meiner kleinen Burg
gebaut aus Kinderträumen
an warmen Tagen

So verlor ich dann Jahr für Jahr
und Sommer für Sommer
meine Burg
bis ich resignierte
und erwachsen wurde

Kapitel 2

Sommer

Sonnenbrand

Sonnenbrand
der Seele
rot die Haut
Ich streife sie
nun ab
ich häute mich
für meine
Metamorphose
doch
es schmerzt

Sommer

Durst nach Meer

Wellen
Sonne
ich tauch ein
in den nassen Himmel

Trinken
dürsten
ich tauch ein
in das trockene Nichts

Flehen
hoffen
ich tauch ein
in ein neues Gefühl

Furcht
Angst
ich tauch ein
in den Ozean der Stille

Sommer

Mich dürstet es
nach mehr
mich dürstet
es seit Jahren
ich suche
und
suche das Meer
dorthin
will ich jetzt fahren
um es zu liebkosen
um eins zu werden
mit den Wellen
um eins zu werden
mit dem Meer

Sommer

Kindheit

Wie unbeschwertes Lachen
heiteres Nichtwissen im Gesicht
die Augen lustig wachen
sie laufen schnell und sind verspielt

Grenzen ohne Scheu überwinden
in Unschuld leben lernen
und blicken in die Unendlichkeit
vor allem Hoffnung haben
auf eine die Zukunft
auch mit Kindertagen

Sommer

Der Sommer des Lebens

Bitte weine nicht
denn ich muss an dich denken
Der Sommer war unsere Zeit
ich liebte das Leben
an deiner Seite
Doch nun ist es vorbei
etwas Neues wird kommen
Wann
Wer kann das fragen
Wer kann das wissen
Zeig mir den
der mir eine Antwort gibt
Die Zeit mit dir
war der Sommer meines Lebens
doch auch ein Herbst
kann schöne Tage haben
an denen ich schwebend jubel
himmelwärts

Kapitel 2

Herbst

Herbst

Alter

Den Herbst des Lebens
hast du erreicht
mit Lachen im Gesicht
Erfahrung spiegelt sich
in deinen Augen
die verstehen
Aus deinem Mund
umspielt von Falten
Worte die Wege weisen
Doch es sind nur
lebendige Erinnerungen
die in dir sind
und dich belasten
lasse sie raus
und lasse es zu

Herbst

Stürme

So laut und so gefährlich
brüllet und schreit
nach neuen Wegen
im Angesicht des Daseins

Gewalten machen sich auf
brechen sich
schäumend neue Bahnen
mit lautem Lachen und Geschrei

Die Stürme sind die Winde Gottes
es gibt sie nun
seit Anbeginn
hart und brutal und doch so sanft

Die Angst verbreiten sie
umtosen unsere Fragen
öffnen Wege zum Neubeginn
voller Gefühle und auch Taten

Und Gott er schaut herab
und bei dem Gedanken
zu ihm hochzuschauen
werden wir bestraft vom Sturm

Kapitel 3

Herbst

Welke Blumen

Die Köpfe richten sich nach der Erde aus
die Körper verglühen in der Sonnenglut
Ein blechernes Knarren im grünen Gebälk
entsaftet flieht das Grün aus ihnen raus

Doch das Bunte strahlt ein letztes mal
spricht leise Worte in der Stille
Die Farben waren lange nicht existent
doch die Stille ist nun auch ganz ruhig

Ein Schweigen seit der Zeit des Samens
als sich das erste Wasser ergoss
Als sie ihre Wurzeln in die braune Erde trieben
um Halt zu suchen in der Demut

Wie ein Schweigen ohne Fragen
welken sie dahin

Herbst

Laub

Vergessen die Blätter
Leben der Bäume
gelb und braun leuchtend
im stolzen alten Wald

Sie wirbeln empor
sie fallen hernieder
vergehen und verwelken
werden zusammengekehrt
vor Tiefen im holden Hauch

Am Wegesrand sind sie aufgetürmt
einem Berg der Bibel gleich
nur die Taube fehlt
und auch die Farben verblassen

Kapitel 3

Herbst

Melancholie

Niemand
liebt mich
wenn ich
ganz unten bin
Ja, ganz unten
du weisst schon
was ich meine
wenn ich
dunkle Worte reime
wenn
die hellen Worte
sind mir fern

Herbst

Herbstlicher Tanz

Wind
schlägt den Takt
und
sie drehen sich
im irren Tanz
der Unmöglichkeit
Gesang der Klagen
wird zum Spiel
packt sich
an den Händen
und Füsse bewegen sich
zur roten Maultrommel
Eins und zwei
und drei und vier
wer ist das
der den Takt uns gibt
ist es der Mann
mit dem Schiessgewehr

Herbst

Morsches Holz

Krank
knarrt es
in seinem Safte
ungehört
in lauten Tagen
Blasses Grün
sucht die Farbe
verlassen
in der kalten Zeit
Zermahlen
zu feinem Staub
madenzerfressen
Stumm
liegt der Stamm
das Holz ist morsch
das Holz es stirbt
bevor
es lernte zu leben

Herbst

Bevor der Winter kommt

Bevor der Winter kommt
in unsere Herzen
und
auch auf diese Welt
Das braune Kleid
des Herbstes
wird dann weiss
doch
es ist noch nicht soweit
Bevor er kommt
sollten wir tanzen und singen
und
uns an den Händen halten
und unsere Seelen
miteinander verbinden
zu einem grossen Kollektiv

Herbst

Das Korn, es welkt

Die Ernte
brachte uns sehr viel
tausend Seelen an der Zahl
Das Korn ist welk
und spielt ein Spiel
von den Bergen
bis ins Tal
Die Ernte
raubte unsere letzte Kraft
wer ging
der kam nie wieder
wer blieb
der war vorbei

Herbst

Erwachsen

Befreit
aus Jugendtagen
schaust du
stolz auf mich herab
Du meinst
nun
beginnt das Neue
Doch
täusch dich nicht
sie werden dich
ewig fragen

Herbst

Der Herbst des Lebens

Ein letzter
warmer Flügelschlag
in der Kühle des Tages
in der Hitze der Nacht
liegt
auf warmen Asphalt
Mein
dürrer welker Körper
ist bereit zu gehen
Gedanken drehen sich
um eine Vergangenheit
die ich nie gesehen
Gedanken drehen sich
um eine Zukunft
die ich nicht gelebt

Kapitel 3

Winter

Winter

Frost

Klirrend liegt der Atem kalt auf mir
meine Hände zittern
singen Melodien von Traurigkeit
zarten Berührungen
im Teich des Eises

Ein Verlangen mich zart umspielt
mein Mund erzittert
spürt den Trank der Bitterkeit
auf der Suche nach deinen Lippen
im Teich des Eises

Meine Augen sind errötet
voller Tränen aus blutrotem Schmerz
meine Zehen erfroren
voller Hoffnung nach einem Weg
im Teich des Eises

Der Frost liegt auf diesem Teich
so wie er liegt auf unseren Herzen
welches Feuer kann ihn schmelzen
welche Hoffnung ihn besiegen

Kapitel 4

Winter

Depression der Deppen

Weinend
kommt der Hofnarr auf mich zu
und fragt mich
wo sein Lachen sei
Mich fragt er
den linksgewendeten König
mit seiner
verdorrten Krone auf dem Haupt

Er fragt und fragt
und lacht und lacht
Ich schaue ihn dann traurig an
und fragte nach dem Sinn
Er lacht und lacht dann weiter
und trötet in seine
kindgoldene Trompete
Plötzlich wird er traurig
und fängt an
Tränen zu sehen
in der Bläue des Tages
und seine Trompete
fällt in die Schwärze der Nacht

Winter

Ich kann ihn nicht verstehen
wie er da so steht und lacht
Ich kann es nicht begreifen
wie er dort sitzt und weint
Ich schaue ihn an
und schenk ihm meine Krone
die aus Dornen
wurde erschaffen
Er lacht mich an
und schmunzelt
doch das rührte mich
zu Tränen
und ich weine

Winter

Winterschlaf

Ruhen um zu warten
auf einen Neubeginn
dem Frühling entgegen
galoppierend
auf grünen Pferden

Sie weinen Tränen
aus dem Kelch der Bitterkeit
das Ganze ist uns nicht bewusst
der grüne Hund
er kläfft
und fletscht die Zähne

Tränen der Bitterkeit
auf der Suche nach dem Traum
Der Wolf er ist nun wach
doch wecket nicht den Bären
der in seiner Höhle
mutig schlummert

Winter

Blaues Eis

Es glitzert
vor kaltem Hauch
aus starren Mündern
Bizarre Welt
in kalter Zeit
Das Nichts
es blickt mich an
erstarrt
zu blauem Eis

Winter

Flocken im Regen

Sie tanzen im eisigen Winde
einen Reigen in luftigen Höhen
bewegen sich im Rhythmus
einer uns unbekannten Zeit

Auf das der Tanz wird nass
durch das salzige Wasser des Regens
durch die Süsse deiner Tränen
und der Wärme deiner Seele

Spendet Trost den Flocken
die sich so alleine fühlen
obwohl sie sind eine Armee
von weissen kleinen Engeln

Winter

Elend

Schrei
wenn dir danach ist
verschliesse deine Augen
verschliesse dein Gehör
verschliesse deinen Mund

Elend
du bist nicht willkommen
verschliesse meine Augen
verschliesse mein Gehör
verschliesse meinen Mund

also gehe
und verlasse uns

Winter

Schneemann

Kohlenschwarze Augen
eine Nase aus Gemüse
tanzt er lustig vor dem Fenster
mit dem Wissen bald zu schmelzen

Eine Möhre im Gesicht
strahlt er der Wärme entgegen
jeder weiss er wird schmelzen
doch er trotzt der Wahrheit

Er hat Hoffnung
und er hat Mut
das macht ihn so lieblich

Winter

Schneekristall

Schönheit und Symetrie
verbunden in Indolenz
gekeltert zu reifen Weinen
Doch Kälte ruhet darin
Anmut und Grazie
vereint in Apathie
gereift zu Bienenhonig
ist er doch ein Kristall
Die Wärme des Blutes
das rot glänzt in der Kälte
erkaltet und blau schimmert
und mir das einzige Tor öffnet
das mich hinaus führt
in die Nacht der Erkenntnis
doch dies stimmt mich traurig.

Kapitel 4

Winter

Ein Neubeginn

Am Anfang
war das Wort
danach
kam der erste Satz
Als der Satz
gesprochen war
meldete
sich das Wort
verlangte
eine Syntax
So wurde
aus dem Wort
der Satz
Aus dem Satz
eine Geschichte
So wurde
aus dem Nichts
etwas ...
und das
ist ein Neubeginn

Kapitel 4

Winter

Tod

Leise
tritt eine verhüllte Gestalt
an dich heran
in der Hand
ein Werkzeug
um Korn zu schneiden
Seine Stimme
sagt sanft deinen Namen
seltsamerweise
hast du keine Angst
Denn du weisst
das ist die Zeit
des Gehens

Winter

Der Winter des Lebens

Kalt ist es
im Altersheim
wo die Würde
mit dem Tode ringt

Kalt ist es
vor der Tür
wo das Pflichtgefühl
im Kriege sich wähnt

Kalt ist es
in deinem Herzen
wo die Ratio
die Emotion besiegt

Es ist der Winter des Lebens
Ach ...
liebte ich den Sommer

Emographien

Emographien

Emographie
von
Gültekin Kaynak

Eine junge Frau singt ein Lied,
mit einer wunderschönen Stimme,
in einem Plattenstudio.
Es ist so kalt in Istanbul,
doch kälter ist es in der Fremde
und er ist ihr Sohn.

Ein junger Mann,
sitzt in einem überfüllten Zug,
Menschenmaterial zum arbeiten.
Doch er hat grosse Hoffnung,
eilt in ein Land,
das seine Haare ergrauen lassen wird
und er ist sein Sohn.

Teilt sich den Geburtstag mit Oscar Wilde,
seine Hoffnung hat er von seinem Vater.
" Denn wer seine Hoffnung verliert,
hat alles verloren. "
Seine Stimme hat er von seiner Mutter,
auch er singt die Lieder,
aus seinem Herzen und spielt dazu Gitarre.
Lieder in verschiedenen Sprachen
und auch in der Sprache der Heimat seiner Eltern.

Gültekin Kaynak

Emographien

Seine Vorfahren waren Exzellenzen,
am osmanischen Hof.
So zieht er auch des öfteren
die Kluft eines Sultans an und beteuert
in wundersamen Liedern,
der Sultan der Liebe zu sein.
Seine Texte sind Gleichnisse,
seine Texte sind Märchen.
Er sah Menschen tanzen zu seinen Liedern,
vor tausenden hat er schon gesungen.
Er sah Menschen lachen zu seinen Liedern,
doch er sah auch Menschen weinen,
betroffen von seiner Melancholie
und berührt in ihren Herzen.
Er weiss, man schenkte ihm die Gabe,
in Herzen zu sehen und zu Seelen zu sprechen.
Er ist sich dieser Verantwortung stets bewusst,
auch wenn sie ihm bisweilen
wie ein Fluch erscheint,
sieht er sie in der Regel als Segen
und schätzt das Vertrauen, die Liebe
und das Geschenk, dass der Herr ihm gab.

Gültekin Kaynak

Emographien

Emographie
von
Mario Müller

Im letzten Monat des Jahres, in einer kalten Nacht,
unter dem Stern aus Bethlehem geboren,
im Nordosten Deutschlands,
in der Stadt der gequälten Skulpturen,
eines Ernst Barlachs.

Schon früh den eigenen Kopf
und das Suchende des Geistes,
waren die ersten Freunde eine Pute und die Hühner,
auf einem abgeschiedenen Bauernhof.

Auf der Schule, einen Weg des Aufbegehrens gehend,
fragend, suchend,
die Vergangenheit Deutschlands entdeckend,
Faszination, Erschrecken,
die Gedanken versucht in Bildern zu verstecken.
Dann Hinwendung zur Photoraphie,
Aufnahmen in der Nacht, düstere Gründe,
mit grellen Farben drappiert,
so bekam er seinen Namen.
Nighthawk, Nachtfalke.

Mario Müller

Emographien

Auf einer Baustelle arbeitend,
dumpfes schlürfendes Geräusch.
Einen erstickten Schrei hörend, verstummend,
im Graben voller Stein.
Siedendes Blut jagt durch den Körper,
nackte Hände wühlen im Fels,
Kräfte ohne Ende, Fingernägel brechen weg.
Blutige Fingerkuppen, dann das gequälte Gesicht,
Augen die um Hilfe schreien.
Seufzender flacher Atem
berührt mein Schweissgesicht,
streicht kühl über Tränen.
Graben, graben, graben,
unmenschliche Kräfte sich entwickeln,
bis zur Brust haben wir ihn freigelegt,
sehen in das schmerzverzerrte Angesicht.
Der Atem wird flacher,
rote Schaumbläschen steigen aus dem
luftsuchenden Mund.
Ein schwerer Seufzer,
in den Augen bricht das Licht.
Ich begreife das Alles nicht.

Mario Müller

Emographien

Die beruflichen Wege verschlungen,
mal Steine schleppen in luftiger Höhe,
dann Rohre legend in dunkler Tiefe.
Mal chemisch das Metall veredelt,
zuletzt die Qualität durchorganisiert.

Bei Allem vergessend, das der Körper existiert.
Raubbau getrieben
und trotzdem in der Flucht vor mir selbst,
dem Menschen gedient.
In Schwarz euch gegenübertretend,
Kälte ausstrahlend beim ersten Kontakt,
Augen die fixieren
und den Grund eurer Seele erfasst.

Mario Müller

Emographien

**Emographie
von
Frank Zweiling**

Als ich geboren wurde, ward es hell.
4 Jahre später hat der erste Mensch
seinen Fuss auf den Mond gesetzt.
Viele Menschen sassen im Garten
und schauten gebannt auf den Fernseher.
Ich war fasziniert von einer grossen Spinne,
die über mein Fenster krabbelte.

3 Jahre vor meiner Geburt starb Hermann Hesse,
ihm begegnete ich allerdings erst
im 16. Jahr meines Lebens,
aber dann mit voller Wucht.

Mein Herz war das erste Mal in Brand geraten,
später hatten wir einige Zeit den gleichen Beruf.
Buchhändler.

Ein Besuch eines Menschen
veränderte mein Leben.
Ich tauchte ein, in die Welt der Lyrik.
Ich tauchte ein, in die Welt der Philosophie.
Ich tauchte ein, in die Welt der Musik.
Ich war plötzlich reich.
Dann kam Goethe´s Werther.

Frank Zweiling

Emographien

Mein erstes Gedicht schrieb ich
in den Umschlag der Reclam Ausgabe,
ängstlich, unbeholfen, unwissend.
Damals wusste ich noch nicht,
dass ich meine
Lebensbestimmung gefunden hatte.

Ich kaufte mir eine Kladde,
die ich immer bei mir trug,
in der Schule, in der Kneipe, überall.
Sobald mir Worte in den Sinn kamen,
von denen ich glaubte,
dass sie zusammengehören könnten,
schrieb ich sie in diese Kladde, egal wo.

Dafür wurde ich oft und gerne verlacht.
Das prägt.
Es macht stark und vorsichtig.

Mit 23 Jahren wäre ich fast gestorben.
Das prägt auch,
für das weitere Leben
in Wörtern und Buchstaben.

Frank Zweiling

Emographien

Worte können einen zusammenfügen
oder zerreissen.
Ich habe beide Seiten oft erlebt.

Aneinandergereihtewortemitmusik,
oft auch ohne Musik.
Mein erster Auftritt war ohne Musiker.
Mein zweiter mit Musikern.
Sie haben zu meinen Gedichten improvisiert,
aus meinen Worten entstand Musik.

Frank Zweiling

Emographien

**Emographie
von
3Zack**

Eine Lesung,
in einem dunklen Raum, irgendwo in Europa.
Vorne steht ein Mann und liest ein Gedicht,
es ist hart, es ist politisch.
Plötzlich springt mitten aus dem Publikum
ein anderer Mann hoch von seinem Stuhl,
auch er liest ein Gedicht.
Noch ehe das Publikum
sich von dem Schock erholen kann,
steht ein dritter Mann auf und fängt an
sein Gedicht zu singen.

In diesem hellen Raum irgendwo in Europa
stehen 3 Menschen in einer 3erformation
gleich dem 3Zacks Poseidons.
Manche nennen sie Künstler oder Dichter,
Lyriker, Musiker oder auch Maler.
Sie nennen sich 3Zack und bilden eine Einheit,
seit jenem tag vor vielen Jahren,
als der erste Krieg tobte in Bagdad.

Literaturgruppe 3Zack

Emographien

Ein Schüler dessen Hebamme die Musik war,
empfand große Trauer und schrieb ein Gedicht.
Er wollte es teilen mit den Menschen,
doch niemand half ihm bei seinem Vorhaben.

Bis er in einer dunklen Nacht
einen menschlichen Falken traf,
einen Mann gekleidet in Schwarz,
der nur des Nachts unterwegs war.
In einer Kneipe begegnete das Duo
einem betrunkenen Dichter,
der für ein Glas Wein seine Gedichte verkaufte.

So legten sie ihre Fähigkeiten zusammen
und teilten ihre Trauer mit den Menschen.
Es gab viel Trauer zu teilen,
denn in der Stadt der Klingen,
wurden alsbald Menschen verbrannt.
Ihre Gedichte wurden zu Klageliedern
und sie singen sie seit Jahren
und werden es auch weiterhin tun,
das sind sie schuldig Poseidons 3Zack.

Literaturgruppe 3Zack

Inhaltsverzeichnis

Inhaltsverzeichnis

Inhaltsverzeichnis

Herbst

Winter

Inhaltsverzeichnis

Emographie

Buchempfehlung

Dreisamkeit

von Gültekin Kaynak, Mario Müller, Frank Zweiling

Taschenbuch: 200 Seiten
Verlag: Books on Demand Gmbh (Dezember 2003)
Sprache: Deutsch
ISBN-10: 3833404965
ISBN-13: 978-3833404962